Unsere Traumhochzeit:
Ein Ratgeber, wie ich in wenigen Schrit-
ten unsere Hochzeit plante

Sabrina Voraberger

Lizenzhinweis

Dieses digitale Buch wurde für Ihr Vergnügen geschrieben. Dieses Buch darf nicht kopiert, weiterverkauft oder an andere Personen geliehen werden. Um die Arbeit der Autorin zu würdigen, bitten wir Sie das Buch zu kaufen und nicht zu kopieren oder verleihen. Wenn Sie dieses Buch jemanden zur Verfügung stellen möchten, kaufen Sie es bitte und geben Sie nicht Ihres weiter. Wenn Sie dieses Buch gerade lesen und nicht gekauft haben, seien Sie bitte so ehrlich und gehen Sie in den E-Book Store Ihrer Wahl und erwerben Sie es. Sie erweisen damit der Autorin Ihren Respekt. Vielen Dank für Ihre Ehrlichkeit und viel Freude beim Lesen.

Inhaltsverzeichnis

Sabrina Voraberger

Vorwort

- Was ist wohl das Wichtigste beim Heiraten?
- Was macht eine Hochzeit aus?
- Wie wird meine Hochzeit wunderschön und unvergesslich?

Manch einem wird auf diese Frage das Hochzeitskleid, die Ringe, das perfekte Sommerwetter, eine Kutsche, eine Hochzeit auf der Alm und vieles mehr einfallen.

Darf ich dich, sofern du dich nun in einer Blase aus traumhaften Bildern verirrt hast, kurz herausholen. Nicht etwa um dich auf den Boden der Tatsachen zu bringen, oder deine Träumereien zu stoppen. Nein, auf keinen Fall. Gerade bei einer Hochzeit ist es wichtig, dass IHR eure Träume verwirklichen könnt. Und mit Ihr spreche ich nicht etwa dich und deine Schwester, deine Schwiegermutter, deine Mutter, deine beste Freundin, deine Cousine oder sonst jemanden an. Nein, ich spreche das Brautpaar an. Was ich dir von Anfang an mitgeben möchte und die Antwort auf die zuvor gestellten Fragen ist, lautet: Das Wichtigste an diesem Tag bist du und dein Verlobter / deine Verlobte und eure Liebe.

Natürlich möchtest du für dich und deine Gäste einen schönen Tag vorbereiten und eventuell auch einige deiner engsten Familienmitglieder und Freunde in die Vorbereitungen involvieren. Lass es mir dich aber nochmal sagen: Das Fest wird perfekt, wenn du dich auf jede Minute deines Hochzeitstages freust. Es sollte nichts geben wovor du Angst hast. Das bedeutet jedoch nicht, dass du nicht nervös sein darfst, oder ein spannendes Prickeln vor eventuellen Überraschungen spüren kannst. Auch während der Hochzeitsvorbereitung darfst du mit deinem/deiner Verlobten diskutieren, sogar streiten. Fundamental ist jedoch, dass ihr euch nicht aus den Augen verliert und eurem Herzen folgt. Hört einander zu und plant euer Fest. Denn wenn ihr das Fest nach euren Vorstellungen und Wünschen plant, kann es nur ein perfekter Tag werden, denn dann spiegelt der Tag euren Charakter, eure Leidenschaft und Wünsche wieder und das werden auch eure Gäste spüren.

Bevor ich dir nun zeige, wie du eine Hochzeit planen kannst und ein paar Tipps gebe, wie man sich gewisse Entscheidungen und Passagen der Planung erleichtert, vergiss nie: Es geht um eure Liebe und euren Wunsch ein ganzes Leben miteinander zu verbringen.

***

1. Kapitel: Wo fange ich bloß an?

Bevor wir uns an die einzelnen Details heran-
wagen, ist es ratsam, die gemeinsamen Vorlieben
und Wünsche zu besprechen. Ich habe die Erfahrung
bei uns und im Freundeskreis gemacht, dass auch
der Bräutigam Vorstellungen hat. Lass ihn, sofern
du liebe Leserin die Braut bist, also teilhaben. Besprecht oder überlegt euch folgende Fragen:

Welche Jahreszeit gefällt euch besonders gut?

- Frühling: Was spricht für den Frühling und was
  dagegen?
- Sommer: Was spricht für den Sommer und was
  dagegen?
- Herbst: Was spricht für den Herbst und was
  dagegen?
- Winter: Was spricht für den Winter und was
  dagegen?

Überlegt euch diese Fragen und schreibt ein paar

Vor- und Nachteile für jede Jahreszeit auf. So kommt ihr eurem Wunschzeitraum immer näher.

Tipp aus der Praxis: Wir haben im Monat geheiratet, der macht was er will. Es hatte keine 20°C, aber es war unsere Traumhochzeit. Lasst euch nicht vom Wetter leiten, denn selbst im Sommer kann es regnen und im Winter kann es ein strahlender Sonnentag sein.

Wie viele Gäste möchtet Ihr einladen?

Träumt ihr von einer kleinen oder großen Hochzeit? Ihr könnt zu zweit, im kleinen aber auch im großen Kreis heiraten. Was wünscht ihr euch? Schreibt die Wünsche der Braut und des Bräutigams auf. Solltet ihr unterschiedliche Wünsche haben, versucht zu verstehen, warum ihr nicht einer Meinung seid und versucht einen Mittelweg zu finden. Ihr werdet euren gemeinsamen Wunsch finden, auch wenn sich diese Frage vielleicht nicht gleich beantworten lässt.

Tipp aus der Praxis: Es ist eure Hochzeit und nicht die eurer Eltern, Schwiegereltern, Geschwister oder Freunde. Daher lädt jene Menschen ein, welche ihr gerne einladen möchtet. Wir haben die Erfahrung gemacht, dass so manch eine/einer die eigenen Tanten, Onkel, Geschwister, Freunde etc. noch einladen wollte. Wir haben aber sehr klar kommuniziert, dass wir entscheiden, wer eingeladen wird. Lasst euch nicht unter Druck setzen. Folgt eurem Instinkt und euren Wünschen. Eure Wünsche wird am Ende jeder akzeptieren!

Möchtet ihr eine standesamtliche, kirchliche oder freie Trauung?

Es gibt die unterschiedlichsten Varianten der Trauung. Standesamt und kirchliche Trauung können am selben oder an verschiedenen Tagen stattfinden. Die standesamtliche Trauung kann mit oder ohne Zeremonie (Ringe übergeben) abgehalten werden. Natürlich ist auch die freie Trauung möglich. Solltet ihr die standesamtliche und die kirchliche Trauung wählen, müsst ihr euch nicht sofort festlegen, ob es am gleichen oder unterschiedlichen Tagen stattfinden soll. Ihr könnt euch natürlich heute schon entscheiden, aber häufig entwickelt es sich einfach.

Tipp aus der Praxis: Wir wollten eigentlich an einem Tag das Standesamt und die kirchliche Trauung abhalten. Im Laufe unserer Vorbereitungen haben wir jedoch bemerkt, dass uns das viel zu stressig wird und aus diesem Grund, haben wir am Tag vor der kirchlichen Hochzeit bereits standesamtlich mit unseren Eltern und Geschwistern geheiratet. Macht euch also keinen Druck.

Wann möchtet ihr eure Gäste einladen?

Ihr könnt einen Teil der Gäste am Vormittag, einen Teil am Nachmittag und einen Teil am Abend einladen. Überlegt euch, wen ihr bei den einzelnen Passagen eurer Hochzeit dabeihaben wollt. Vielleicht möchtet ihr auch alle Gäste den ganzen Tag um euch haben. Bedenkt aber bitte, dass weite Autofahrten mit einer großen Hochzeitsgesellschaft sehr lange dauern könnten.

Möchtet ihr zum Standesamt alleine, im kleinen Kreis oder mit der gesamten Hochzeitsgesellschaft gehen? Wen möchtet ihr zu der kirchlichen Hochzeit oder freien Trauung einladen? Wer wird zum Abendessen eingeladen? Solltet ihr den Ablauf noch nicht wissen, gönnt euch ein bisschen Zeit. Sobald ihr wisst, wie euer Tag ablaufen wird, könnt ihr euch Gedanken machen, wer ab wann eingeladen wird.

In welchem Bundesland möchtet ihr heiraten?

Wo möchtet ihr heiraten? Vielleicht ist diese Frage für euch unwichtig, weil ihr aus dem gleichen Gebiet stammt. Vielleicht seid ihr aber auch aus unterschiedlichen Bundesländern und müsst euch überlegen wo ihr heiraten wollt.

Tipp aus der Praxis: Wir hatten eine sehr traditionelle Hochzeit, aber wir haben weder im Heimatort der Braut, noch im Heimatort des Bräutigams geheiratet. Wir haben unseren ganz besonderen Platz gefunden. Lasst eurer Phantasie freien Lauf und überlegt euch, wo es euch gut gefällt oder wo ihr vielleicht eine schöne Erinnerung miteinander teilt. Wenn ich an unseren Hochzeitsort denke, verbinde ich viele schöne Augenblicke und unsere Hochzeit damit.

In welchem Ambiente möchtet ihr heiraten?

Wünscht ihr euch eine Hochzeit im Schloss, in einem Festsaal, im Gasthof, im Restaurant, in einer Gartenanlage, am Strand, am Berg, in einer Almhütte, am Fluss, am See, zu Hause im Garten,…? Alles ist möglich und kann möglich gemacht werden. Setzt euch zusammen und redet über eure Wünsche und beschreibt eure Hochzeit. Nehmt Adjektive um eure Traumhochzeit zu beschreiben. Solltet ihr Schwierigkeiten bei der Wortfindung haben, hier ein paar Anregungen: romantisch, liebevoll, abenteuerlustig, begeisternd, traditionell, humorvoll, vernünftig, familiär, durchdacht, spaßig, gestylt, romantisch, stilvoll, festlich, detailliert, vintage, modern, locker, prunkvoll, einfach, unkompliziert, glamourös, edel, rustikal, roter Faden, et cetera. Um eure Traumhochzeit beschreiben zu können, ist es auch hilfreich euch als Paar zu beschreiben. Was zeichnet euch aus, was verbindet euch und macht euch zu einer Einheit?

Kosten- wie viel möchtet ihr ausgeben?

Eine Hochzeit die ist teuer – eine Hochzeit die ist schön. Meiner Meinung nach ist das Unsinn. Eine Hochzeit ist immer schön, egal ob mit kleinem oder großem Budget. Macht euch aber auf jeden Fall Gedanken darüber, wie viel ihr ausgeben möchtet. Es gibt in vielen Brautmagazinen und auf zahlreichen Homepages Budgetplans, die euch dabei unterstützen können. Diese Punkte müsst ihr jetzt nicht einhalten, aber sie helfen euch die richtige Richtung der Planung einzuschlagen.

***

2. Kapitel: Planungsüberblick – meine persönliche Checkliste

Ich persönlich finde Monatsübersichten übertrieben. Immerhin kann man eine Hochzeit auch in wenigen Wochen oder einigen Jahren planen. Es kommt ganz darauf an, was ihr euch vorstellt. Meistens geht man davon aus, dass man 8-12 Monate zum Planen hat. Ihr habt nur wenige Monate? Bekommt jetzt bitte keinen Stress, es geht sich immer alles aus. Aber für all jene, die gerne einen Plan haben, was sie vielleicht zuerst planen sollen, gebe ich einen Überblick. Dieser Überblick ist nicht auf Monate oder Wochen reduzierbar, sollte euch aber eine Richtung vorgeben.

- Termin für die Trauung festlegen.
- Besichtigt und reserviert Kirche, Standesamt und Location für die Trauung. Achtung: für die Anmeldung der Kirche und des Standesamts braucht ihr eventuell Dokumente. Erkundigt euch im Vorhinein, was ihr alles vorlegen müsst, um unnötige Behördengänge zu vermeiden.

- Legt eure Dokumente, wie etwa Pässe, Geburtsurkunde et cetera bereit .
- Besichtigt und reserviert die Location, wo ihr essen und feiern möchtet. Wenige Monate vor der Hochzeit könnt ihr auch ein Testessen und eine Weinverkostung vereinbaren. Ihr könnt aber nach Absprache auch euren eigenen Wein mitbringen. Es wird dann meist ein sogenanntes Stoppelgeld bezahlt.
- Sendet Save the Dates aus. Achtung: einige Menschen kennen diesen Trend noch nicht.
- Geht auf Hochzeitsmessen und seht euch viele Inspirationen im Internet an. Es gibt unglaubliche viele schöne Ideen und wenn ihr euch viele anseht, wird eure Vorstellung von eurer Hochzeit immer klarer.
- Brautkleid probieren, bestellen und gegebenenfalls ändern. Viele Brautmodengeschäfte haben eine dreimonatige Lieferzeit auf Brautkleider. Ich habe das ehrlich gesagt nur bei sehr großen Brautgeschäften erlebt. Mein Kleid hätte ich sofort mitnehmen können. Lasst euch also hier nicht stressen. Sucht euch auch die passenden Braut-Accessoires. Das hat aber auch noch bis wenige Monate beziehungsweise Wochen vor der Hochzeit Zeit.
- Etwa ein halbes Jahr vor der standesamtlichen Trauung könnt ihr den Termin bei eurem Standesamt fixieren und mit dem Standesbeamten sprechen. Ihr solltet zu diesem Zeitpunkt auch bereits wissen, welchen Nachna-

men ihr nach der Hochzeit tragen werdet.
- Verfeinert die Gästeliste.
- Wenn ihr eure Einladungen oder dergleichen drucken lassen möchtet, holt euch Angebote von Druckereien ein.
- Bucht für eure Musik einen DJ, Band oder Sänger. Ihr solltet auf allen Etappen, sei es Standesamt, Kirche, Agape, Feier, etc. an die Musik denken. Wichtig: Seht euch die Musiker an oder trefft euch mit ihnen. Sie müssen auf eurer Wellenlänge sein, damit das Fest ein Erfolg wird.
- Wollt ihr eure Gäste unterhalten? Wenn ja, kümmert euch um Feuerwerke, Zauberer, Unterhalter, Tänzer, et cetera.
- Wählt Trauzeuge und Zeremonienmeister. Der Zeremonienmeister führt durch die Hochzeitsfeier. Die Trauzeugen müssen auch beim Standesamt dabei sein.
- Flitterwochen: Hier ist nicht viel zu sagen. Wenn ihr fahren wollt, sind auch diese zu organisieren. Je früher, desto günstiger.
- Sendet eure Einladungen aus. Vermerkt euch, wenn jemand nicht kommen kann.
- Wer verwaltet die Geschenkeliste, oder vermerkt ihr auf euren Einladungen, was ihr euch wünscht? *Tipp aus der Praxis*: Beauftragt jemanden, der euch sehr nah ist, um Informationen über eure Geschenkewünsche weiterzugeben. Wir haben auch jemanden beauftragt und auf die Einladung ihre Nummer vermerkt.

- Bei Bedarf, überlegt euch Give-aways.
- Polterabend, ja oder nein? Das müsst ihr beide entscheiden und nehmt aufeinander Rücksicht und habt Spaß.
- Hochzeitsanzug für den Bräutigam kaufen.
- Brautpaar-Auto organisieren.
- Sucht nach eurem Fotografen und eventuell Filmer.
- Wie soll eure Hochzeitstorte aussehen und wer soll sie backen? Denkt auch an ein eventuelles Kuchenbuffet. Viele Tanten, Omas, Mamas, Geschwister und Freunde freuen sich, wenn sie Kuchen mitbringen dürfen.
- Plant den Ablauf des Tages und der standesamtlichen, kirchlichen oder freien Trauung.
- Reserviert eure Blumen und denkt auch an die Blumenkinder, wenn ihr welche haben möchtet. Achtung: In einigen Kirchen dürfen keine Blumen oder Reis gestreut werden. Erkundigt euch vorher was erlaubt ist. Blumen: Tischschmuck, Brautstrauß, Schmuck für Kirche und/oder Standesamt, Schmuck für die Location, Anstecker für Bräutigam und Gäste. Schmuck für Hochzeitsauto.
- Wo verbringt ihr eure Hochzeitsnacht? Bucht eventuell das Hotel.
- Wenn ihr das Standesamt und die kirchliche oder freie Trauung an getrennten Tagen plant, denkt auch an eure Kleidung beim Standesamt und wie die Gäste vom Standesamt zur Kirche

kommen.

- Trauringe aussuchen und kaufen.
- Wollt ihr einen ausgefallenen Hochzeitstanz aufführen, oder eure Tanzschritte verfeinern? Dann bucht einen Kurs oder Privatstunden mit einem Tanzlehrer.
- Die Braut sollte sich vor der Hochzeit einmal die Hochzeitsfrisur stecken lassen, damit am Tag der Hochzeit keine bösen Überraschungen auftauchen können. Das gleiche gilt auch für das Brautmakeup.
- Ihr könnt bei Bedarf ein Programmheft erstellen. *Tipp aus der Praxis*: Weiht neben dem Zeremonienmeister, auch eure Eltern und Geschwister in das Programm ein. So kann sich jeder vorbereiten.
- Plant die Sitzordnung und nehmt euch Zeit dafür. Die Sitzordnung ist sehr wichtig, denn wenn die Gäste richtig beieinandersitzen, erhöht das den Spaßfaktor.
- Macht euch für die letzten drei Tage vor der Hochzeit einen Plan, wann und wer die Blumen abholt, wer die Kirsche schmückt, wer euch beim Dekorieren hilft, et cetera. Vergiss nicht, vor der Trauung etwas essen und sammle Menschen um dich, die dich bei der Vorbereitung begleiten.

***

3. Kapitel: Die Suche nach der Kirche/Location

Bevor ihr mit der aktiven Suche nach einer Kirche/ Location startet, überlegt euch folgende Fragen:

- Wollt ihr in einer Kirche heiraten?
- Wollt ihr an einem Standesamt oder anderen Location heiraten?

Wenn ihr in einer Kirche heiraten möchtet, geht es hier weiter. Wenn ihr nicht kirchlich heiraten wollt, überspringt diesen Punkt. Also, ihr wollt in einer Kirche heiraten. Es gibt unzählige Kirchen, daher ist es wichtig zu überlegen, ob ihr euch mit einer Kirche besonders verbunden fühlt, ihr in eurer Heimatkirche heiraten wollt, oder eine Kirche für eure Hochzeit suchen möchtet.

Tipp aus der Praxis: Wir haben in einer Kirche geheiratet, die uns sehr gefällt und der Pfarrer aus dem Heimatort des Bräutigams hat uns getraut. Dies ist nicht in jeder Kirche möglich, aber lässt sich normalerweise während einem Gespräch vereinbaren.

Wenn ihr eine Umgebung im Auge habt, in der ihr gerne heiraten möchtet, aber noch keine Kirche kennt, sucht euch alle Kirchen heraus und fährt sie mit dem Auto ab. Jedes Gotteshaus hat ein eigenes Flair und Charme. Nehmt euch die Zeit und seht sie euch an. Macht von jeder Kirche Fotos, denn wenn ihr einmal mehr als 5 Kirchen angesehen habt, wisst ihr nicht mehr, welches Bild in eurem Kopf zu welcher Kirche gehört. Sobald ihr die Kirchen besichtigt, werdet ihr sehr rasch wissen in welcher ihr heiraten wollt. Erkundigt euch, ob ihr vor der Kirche eine Agape veranstalten dürft. Das ist nicht überall erlaubt. Bitte nehmt Rücksicht auf unsere schönen Kirchen sowie auf eure Geldtasche und hört auf Verbote. In einigen Kirchen und auf einigen Vorplätzen ist es nicht erlaub, Blüten zu streuen, Seifenblasen zu verwenden, et cetera. Die Nichteinhaltung dieser Vorschriften könnte euch sehr teuer kommen.

Nun geht es weiter mit der Auswahl des Standesamtes bzw. der Location. Lasst uns mit dem Standesamt beginnen: Wenn ihr die standesamtliche und kirchliche Trauung an einem Tag durchführen wollt, wählt Häuser, die nicht zu weit auseinanderliegen. Ihr wollt sicher nicht ewig im Auto von einem zum anderen Ort sitzen. Eine fünfminütige Autofahrt kann mit einer Hochzeitsgesellschaft schon 15 Minuten dauern. Die standesamtliche Hochzeit kann auch an einem anderen Ort, wie etwa einer Wiese, im Wald, am See oder bei euch im Garten gefeiert werden. Bitte sprecht nur rechtzeitig mit dem Standesbeamten. Ihr könnt natürlich auch an einem anderen Tag standesamtlich heiraten. So etwa an einem besonderen Datum, selbst wenn es unter der Woche ist. Standesamtlich könnt ihr sehr klein, aber auch mit einer großen Gesellschaft feiern. Wichtig zu wissen ist, dass die standesamtliche Hochzeit jene ist, welche vor dem Staat gültig ist. Ihr könnt während der standesamtlichen Trauung bereits die Ringe anstecken, oder aber ihr hebt es euch für die kirchliche Trauung auf. Eine weitere Möglichkeit ist, dass ihr die Ringe am Standesamt ansteckt und danach wieder abnehmt, um sie dann bei der kirchlichen Trauung wieder anzustecken. Das könnt ihr gestalten wie ihr möchtet. Der Standesbeamte wird euch das im Normalfall fragen, oder aber ihr erwähnt es beim Gespräch mit ihm. Auch die standesamtliche Trauung kann von euch gestaltet werden. Ihr könnt den Trauungssaal oder den Ort, wo ihr die Zeremonie abhält, nach euren Wünschen gestalten (beachtet bitte aber Vorgaben des Standesamtes – einfach einmal dort nachfragen).

Anekdote: Wir hatte ein lustiges Erlebnis während unserer standesamtlichen Trauung. Der Standesbeamte kannte uns noch nicht lange und hat in seiner Rede über uns erzählt, dass wir uns vermutlich viele Jahre kennen und aus einer anfänglichen

Freundschaft später Liebe und danach der Wunsch eine Familie zu gründen kam. Da hatte er sich ziemlich geirrt. Wir sind bereits nach wenigen Monaten zusammengezogen und haben schon nach kurzer Liebe gewusst, dass wir gemeinsam alt werden wollen. Die Rede hat für einige Lacher gesorgt. Weiters hat er die Lieder mit einer anderen Hochzeit verwechselt und wir haben uns sehr über die Lieder gewundert. Auch das hat uns einen Lacher gekostet.

Tipp aus der Praxis: Wenn ihr den Standesbeamten nicht gut kennt, versichert euch im Vorhinein noch einmal, dass er alle Details richtig zugeordnet hat. Für uns war es kein Problem, eher sehr amüsant. Wir haben den Standesbeamten dann noch kurzerhand zur Hochzeitsfeier am nächsten Tag eingeladen und er brachte sein Musikinstrument mit und unterstütze unsere Verwandten beim Braut stehlen.

Die Suche nach der passenden Location für das Hochzeitsfest, könnt ihr gleich angehen, wie die Suche nach der Kirche. Wenn ihr bereits wisst, wo eure Hochzeitszeremonie stattfindet, könnt ihr euch im Umkreis alle Gasthäuser, Hotels und Veranstaltungsräume heraussuchen und die Kontaktpersonen anrufen, um einen Besichtigungstermin zu vereinbaren beziehungsweise, könnt ihr bereits ein paar Fragen telefonische abklären. Schreibt euch alles genau mit, denn man kann sich die Details nicht alle merken und jede Location hat andere

Sabrina Voraberger

Merkmale.

***

4. Kapitel: Save the Date & Einladungen

Wir haben einige Monate vor unserer Hochzeit eine SMS mit einem Bild von uns und erste Details als sogenannte „Save the Date" ausgesendet. Die meisten unserer Gäste haben registriert, dass dies nicht die Hochzeitseinladung ist, sondern lediglich eine Ankündigung. Manche haben gar nicht verstanden, dass es eine Ankündigung unseres Hochzeitstages ist. Es folgten sehr lustige Gespräche. In unserem „Save the Dates" SMS haben wir auch angekündigt, dass die Einladungen folgen. Wir waren sehr froh die „Save the Date" Nachrichten gesendet zu haben, denn wir haben mit dem Austeilen der Einladungen erst kurz vor der Hochzeit angefangen und die letzte Einladung einen Monat vor der Hochzeit verteilt. „Save the Date" können SMS, Whatsapp, Facebook, Mail oder aber auch ganz klassisch per Post versendet werden.

Einladungen werden in Postkarten- oder Briefform verteilt. Ihr könnt aber eurer Kreativität freien Lauf lassen. Vielleicht bedruckt ihr sogar Luftballons mit den Details und die eingeladenen Gäste müssen den Ballon aufblasen, um die Details zu sehen. (Diese Idee ist mir soeben während dem Schreiben gekommen – kann auch Humbug sein.) Die Einladungen könnt ihr mit einem Bild, Spruch, et cetera gestalten. Lasst eure persönliche Note einfließen. Wir haben unsere Einladungen selbst gebastelt und persönlich übergeben. Natürlich ist auch der Postweg möglich.

Was gehört auf die Einladung?

- An wen geht die Einladung? – Anrede
- Vor- und Nachname von Braut und Bräutigam (immer zuerst die Braut erwähnen)
- Hochzeitsdatum
- Uhrzeit
- Ort
- Wo geht es nach der Trauung hin, wenn ein Ortswechsel stattfindet
- Datum, bis wann die eingeladenen Gäste bekannt geben sollen, wenn sie nicht kommen können. Das ist für eure Tischordnung sehr wichtig, damit keine Lücken entstehen und jeder Gast einen Sitznachbar hat.
- Wen dürfen die Gäste kontaktieren, wenn sie Fragen haben? Häufig tauchen Fragen bezüglich Übernachtungen und Geschenken auf. *Anekdote*: Wir haben den Nachnamen der Braut auf den Einladungen vergessen. Ups.

Ihr könnt von den Einladungen, über die Deko bis hin zu den Dankeskarten ein Design bzw. eine Linie verfolgen. Wenn ihr das möchtet, überlegt euch, ob ihr eine Mottohochzeit oder besondere Symbole möchtet. Im Augenblick ist es auch üblich ein Hochzeitswappen zu zeichnen beziehungsweise designen zu lassen. Das Wappen kann man in die Einladungen, Hochzeitskerze, Dekoration und allen weiteren Stücken einbinden.

***

5. Kapitel: Entertainment

5.1.Musik

Es gibt viele unterschiedliche Möglichkeiten Musik einzubringen.

- Sänger
- Chor
- Hochzeitsband
- CD, MP3 oder andere Playlist-Anbieter
- DJ

Eine Hochzeit in der Kirche, am Standesamt und während der anschließenden Feier mit Musik zu gestalten, sorgt für eine ganz besondere Stimmung. Eine Möglichkeit wäre, am Standesamt eine CD zu spielen, in der Kirche einen Sänger und einen Orgelspieler zu haben und in der Location, wo gegessen und gefeiert wird, einen DJ oder eine Hochzeitsband für Stimmung sorgen zu lassen. Natürlich kann dies nach Belieben gestaltet werden.

Anekdote: Wir hatten beim Einzug der Braut mit ihrem Vater eine besondere Stimmung, denn die Mutter der Braut sang ein selbst gedichtetes Lied, mit der Melodie von Halleluja von Leonard Cohen. Es sorgt für Gänsehaut und Freudentränen. Ein Moment den ich mein ganzes Leben in Erinnerung behalten werde.

Macht euch Notizen wann ihr euch welche Musik vorstellen könnt und beginnt rechtzeitig mit der Suche nach Musikern. Überlegt euch auch ein Lied zum Anschneiden der Torte (eventuell überrascht euch auch der Zeremonienmeister mit einem Lied) und für den Hochzeitstanz.

Anekdote: Wir hatten einen super DJ, der für tolle Stimmung nach dem Essen sorgte. Bei einem Vorgespräch meinte er, dass er Volkslieder von sich aus nicht spielt. Wir mögen diese Musikrichtung aber gerne und am Ende der Feier hat er sicher ein bis zwei Stunden Schlager aufgelegt.

5.2. Entertainer und Kinderanimation

Vor kurzem habe ich das erste Mal davon gehört, dass jemand einen Zauberer für die Hochzeit organisiert hat. Ich spreche hier nicht von Kinderanimation, sondern von einem Entertainer, welcher zwischen den einzelnen Gängen zu den Tischen geht und die Gäste unterhält. Ich kann mir das durchaus sehr amüsant vorstellen. Überlegt euch, ob ihr einen Entertainer für eure Gäste möchtet und wenn ja, was er genau tun soll. Dies bietet sich vor allem auch an, wenn ihr zwischen den einzelnen Gängen lange Pausen einplant.

Wenn an eurer Hochzeit viele Kinder teilnehmen, könnt ihr entweder einen Kindertisch mit Spielen, Malsachen, Bastelutensilien, et cetera vorbereiten, oder ihr engagiert eine Kinderanimation. Wenn ihr auch an das Wohl der Kinder denkt, können die Eltern sicher entspannter feiern.

5.3. Zeremonienmeister – Spiele

Ein Zeremonienmeister ist eine weibliche oder männliche Person, die euch sehr Nahe steht und durch den Tag führt. Ideal um Chaos zu vermeiden und die Gäste über kommende Programmpunkte zu informieren. Der Zeremonienmeister weiß über jeden Programmpunkt Bescheid. Schreibt einen genauen Tagesablauf zusammen (ihr findet ein Muster am Ende des Buchs) und besprecht ihn mit dem Zeremonienmeister und eventuell auch mit euren Eltern. Sie können noch weitere Ideen äußern beziehungsweise wissen einfach Bescheid. Sollten Hochzeitsgäste Überraschungen geplant haben, können sie diese auch dem Zeremonienmeister mitteilen und ausmachen, welches Zeitfenster sich am besten dafür eignet.

Tipp aus der Praxis: Plant nicht zu viele Überraschungen ein bzw. legt ein Limit fest, damit ihr dann nicht von Spielen und Überraschungen überflutet werdet.

Anekdote: Wir wurden mit zwei Programmpunkten überrascht. Erstes Überraschungsprogramm: Die Tante der Braut hat viele bunte, mit Helium gefüllte Luftballons vorbereitet, an denen eine Karte mit der Adresse des Brautpaares angebracht war. Wir ließen die Ballons vor der Kirche steigen und alle Gäste hatten großen Spaß dabei. Einige Wochen nach der Hochzeit wurde uns die letzte Karte gesendet. Wir haben uns sehr gefreut, denn viele Menschen, die unsere Ballons gefunden haben, gestalteten mit ihren Kindern eine Glückwunschkarte oder schrieben ein paar nette Zeilen. Zweites Überraschungsprogramm: Freunde haben uns auf Holz einen Baum eingraviert und alle Gäste durften mit einem Finger einen grünen Fingerabdruck darauf hinterlassen, welche nun die Blätter darstellen. Unter jedem Fingerabdruck steht auch der Name des Gastes. Zusätzlich wurden auch die Namen des Brautpaares und das Hochzeitsdatum eingraviert. Eine wunderbare Erinnerung, die in unserem Haus einen besonderen Platz gefunden hat.

5.4. Pausenfüller

Auf einer Hochzeit gibt es durchaus auch Momente, während denen sich die Gäste alleine unterhalten sollen. Um unangenehme Langeweile zu vermeiden, kann man als Brautpaar sogenannte Lückenfüller einplanen. Diese sind auch dann besonders gefragt, wenn das Brautpaar nach der Zeremonie mit dem Fotografen an einen anderen Ort fährt, um Fotos zu machen (sobald das Brautpaar die Gesellschaft verlässt, kann es durchaus zu Langeweile kommen). Um dem vorzubeugen, sind vorbereitete Aktivitäten vorteilhaft. Hier einige Beispiele:

- Gästebuch, in welches sich die Gäste eintragen können. Bunte Stifte nicht vergessen (idealerweise solche, die nicht auf der nächsten Seite durchdrücken). Sticker kommen auch immer gut an.
- Eine Fotobox lässt sich einfach mieten. Normalerweise wird die Fotobox aufgestellt und auch wieder abgeholt. Lustige Utensilien, wie Brillen, Perücken und andere Spaßartikel nicht vergessen. Man kann auch eine Fotobox auswählen, die direkt Fotos druckt und diese können wiederum ins Gästebuch geklebt werden.
- Leinwand, Holz, Stein, et cetera, wo die Gäste ihren Fingerabdruck und Namen hinterlassen. Das Grundmaterial kann vorher vorbereitet werden. Namen des Brautpaares und Datum nicht vergessen im Vorhinein anzubringen, denn danach fehlt häufig der Platz.
- Die Gäste bekommen eine Baumwolltasche und können diese mit Textilfarben für das Brautpaar gestalten. Diese Taschen können allein oder in Gruppen gestaltet werden.

Es gibt noch viele weiterer solcher Pausenfüller. Am

einfachsten surft ihr mal durchs Internet und lasst eurer Fantasie freien Lauf. Diese Aktivitäten lassen sich auch sehr gut während der ganzen Feier einbauen.

5.5. Weitere Programmpunkte

- Denkt daran, dass eure Trauzeugen, Eltern und eventuell auch Geschwister eine Rede halten wollen.
- Hochzeitstanz: Wählt euer Lieblingslied und euren Tanz. Der erste Tanz muss nicht immer ein Walzer sein. Viele Tanzschulen bieten auch einen Crashkurs an, welcher meist als Tanzkurs für Brautpaare betitelt wird. Ihr könnt aber auch einen Privatlehrer engagieren.
- Anschneiden der Torte: Der Zeremonienmeister kündigt das Anschneiden der Torte an. Dies kann ganz formell mit einer mündlichen Ankündigung durch den Zeremonienmeister erfolgen, oder aber auch durch ein Lied. *Anekdote*: Wir wurden von unserem Zeremonienmeister mit der Star Wars Titelmelodie überrascht und zückten nicht das Lichtschwert, sondern das Messer.
- Glückwünsche an das Brautpaar übermitteln: Jeder Gast möchte einmal mit dem Brautpaar sprechen. Wenn ihr eine kleine Hochzeit plant, ist das prinzipiell kein Problem. Solltet ihr jedoch eine Hochzeit mit ein paar hundert Menschen planen, wird es schon schwieriger.

Oftmals bietet es sich an, Zeitfenster einzuplanen, in denen sich die Gäste zum Gratulieren und für ein Foto mit dem Brautpaar anstellen dürfen.

- Brautstehlen: Kann ungeplant oder geplant ablaufen. *Anekdote*: Ich wollte nicht ungeplant gestohlen werden und plante auch diesen Programmpunkt bereits im Vorfeld ein. Uns war es wichtig, stets bei der Hochzeitsgesellschaft zu sein und nicht für ein paar Stunden wo anders zu sein. Daher wurde ich von meinem Schwiegervater in den nächsten Raum gestohlen und die gesamte Gesellschaft konnte mitgehen. Es wurden Lieder gesungen und nach einiger Zeit kam mein Trauzeuge mit meinem Bräutigam und haben uns geholt. Wir hatten das Glück, in der Familie einige Bläser zu haben und so wurde das Brautstehlen musikalisch untermalt. Dies sorgte für eine super Stimmung, ganz nach unserem Geschmack. *Tipp aus der Praxis*: Vertraut nicht darauf, dass ihr nicht gestohlen werdet (außer natürlich, ihr habt es ausdrücklich erwähnt). Auf vielen Hochzeiten, vor allem in Österreich, ist Brautstehlen automatisch dabei.
- Wenn ihr euch ein Feuerwerk wünscht, informiert euch über die gesetzlichen Gegebenheiten, um Geldstrafen zu vermeiden.

***

6. Kapitel: Fotos & Videos

Wie möchtet Ihr eure Hochzeit festhalten? Wünscht ihr euch Fotos, Videoaufnahmen oder etwa auch einen richtigen Hochzeitsfilm? Fotos werden heutzutage unglaublich viele geschossen, da die Mehrzahl der Gäste Handys mit einer Kamera besitzt. Diesbezüglich könnt ihr euch sicher sein, einige Fotos und auch besonders lustige Schnappschüsse zu ergattern. Ich rate euch aber auch zu einer professionellen Fotografin, die von eurer Trauung und dem Fest hochwertige Fotos schießt. Die Fotos können auch ganz gezielt geplant werden. Es kann ein Pre-Wedding, Wedding und Post-Wedding Shooting in Auftrag gegeben werden. Wenn ihr euch zum Beispiel an einem besonderen Ort kennen gelernt habt (z.B.: in der Schule, oder in einer besonderen Stadt), könnt ihr dort eine Fotosession einplanen. Am Hochzeitstag, sofern ihr nicht an dem besagten Ort heiratet, wird es schwierig, daher lohnt sich in diesem Fall ein Pre- oder Post Wedding Shooting. Diese Fotosession kann auch in eurer Hochzeitskleidung stattfinden.

Anekdote: Wir lieben die Fotos unserer Hochzeit,

denn es wurden die schönsten Augenblicke des Tages eingefangen und helfen uns heute noch den Tag und die Gefühle wieder zu erleben. Aus diesem Grund empfehle ich euch einen professionellen Fotografen für den Hochzeitstag zu engagieren.

Die Fotografen schauen sich meist die Locations im Vorfeld an und entscheiden mit ihrem geschulten Auge, wo am besten die Pärchen- und Gruppenfotos gemacht werden. Wichtig ist, dass ihr euch entscheidet, ob ihr von der Gesellschaft auch weggehen möchtet, um Fotos zu machen oder nicht. *Tipp aus der Praxis*: Bezieht in eurer Planung jedoch mit ein, dass eine lange Abwesenheit des Brautpaares häufig zu Langeweile unter den Gästen führt. Wir wollten nicht von unseren Gästen weg und haben direkt vor der Kirche wunderschöne Fotos gemacht.

Während dem Essen und der Feier können die Fotografen dann auch umher gehen und Fotos machen.

Eine weitere Möglichkeit eure Hochzeit festzuhalten, sind Videos bzw. ein Hochzeitsfilm. Viele Paare entscheiden sich für eine Filmcrew, die das Brautpaar von der Ankleide bis zum Abschied filmt und daraus einen 90-120-minütigen Film macht.

Anekdote: Wir hatten auf unserer Hochzeit keine Filmcrew, haben aber jede Menge kurzer Videos von unseren Gästen bekommen. Diese kurzen Einblicke

sorgen bei uns immer für Lacher, da wir nicht wuss-
ten, dass wir gefilmt wurden.

***

7. Kapitel: Kleidung, Haare und Make-Up des Brautpaares

7.1. Braut

Den Traum vom eigenen Brautkleid haben bereits viele junge Mädchen. Auch wenn sich die Wünsche über die Jahre verändern, ist das eigene Brautkleid etwas sehr Besonderes – zumindest war es das für mich. Viele Brautmodengeschäfte raten den Bräuten bereits ein Jahr vor der Hochzeit das Brautkleid zu bestellen. Ich persönlich finde es etwas übertrieben, außer man möchte ein ganz bestimmtes Design von einem besonderen Designer. In diesem Fall kann ich mir vorstellen, dass man früher starten muss. Ich habe mein Brautkleid vier Monate vor der Hochzeit ausgesucht, was bei einigen Beraterinnen in den Brautkleidgeschäften für große Empörung sorgte. Hier muss gesagt werden, dass die großen Brautläden oftmals 4-6 Monate Lieferzeit haben und danach müssen noch eventuelle Änderungen miteinkalkuliert werden.

Tipp aus der Praxis: Wenn ihr von einer Verkäuferin

oder anderen Person unter Druck gesetzt werdet, dass ihr in so kurzer Zeit kein Brautkleid mehr findet, lasst euch nicht beunruhigen, sondern atmet durch und sucht euch eine andere Boutique. Mir wurde so oft gesagt, dass ich viel zu spät dran war und dennoch habe ich in meinem Traumkleid geheiratet. Ich hatte auch nie einen Stress oder Angst, kein passendes Kleid zu finden. Lasst euch also bitte nicht verunsichern. Gerade im Hochzeitsbusiness wird oft mit dem Stress und Unsicherheit von Brautpaaren Geld gemacht.

Anekdote: Ich habe mein Brautkleid in einer kleinen aber wunderschönen (das muss hier gesagt werden) Boutique gefunden. Ich wurde beraten, durfte so viele Brautkleider anprobieren wie ich wollte und vor allem hatte ich alle Zeit der Welt.

Sucht euch alle Brautläden in eurer Umgebung heraus und vereinbart Termine. In den meisten Brautboutiquen bekommt ihr ca. 2 Stunden Zeit, um Kleider zu probieren. Braucht ihr länger oder möchtet ihr noch weitere probieren, muss oftmals (hauptsächlich in den großen Boutiquen) ein weiterer Termin vereinbart werden. In kleineren Boutiquen hat man oft mehr Zeit und ist auch die einzige Kundin. Wenn ihr euch ein Brautkleid schneidern lassen möchtet, braucht ihr eine sehr kompetente Schneiderin und etwas mehr Zeit, als bei der Auswahl eines bereits fertiggestellten Brautkleides. Holt euch auf jeden Fall Bewertungen und

Erfahrungsberichte von der gewählten Schneiderin, damit ihr sicher sein könnt, dass sie ihr Handwerk versteht und vor allem eure Wünsche umsetzen kann.

Anekdote: Jenes Kleid, welches am Ende mein Brautkleid wurde, wollte ich zuerst nicht anprobieren, da es mir zu viel glitzerte. Die Beraterin meinte aber, ich solle doch einfach mal reinschlupfen. Ich probierte zuerst alle anderen Kleider an und war hingerissen von den tollen Modellen. Als ich jenes mit den vielen Steinchen und Perlen im Mieder probierte, war ich mir sicher, dass es mir zu pompös sein wird. Ich schlupfte hinein, sah mich im Spiegel und bekam Gänsehaut. Als ich aus der Umkleidekabine zu meinen Eltern (welche mir bei der Auswahl halfen) hinausging, waren sie hin und weg und zu diesem Zeitpunkt wusste ich bereits, dass dies mein Brautkleid ist. Wenige Wochen vor der Hochzeit wurden dann noch ein paar Änderungen gemacht. Wäre es notwendig gewesen, hätte ich das Kleid in wenigen Tagen erhalten. Euer perfektes Kleid wird da sein. Was ich euch mit meinem Tipp aus der Praxis und der Anekdote sagen möchte: Lasst euch von nichts und niemanden stressen. Man kann eine Hochzeit in sehr kurzer Zeit planen und demnach auch das perfekte Kleid finden. Eine Unterstützung bei der Ideenfindung sind Brautmagazine, das Internet und vor allem auch Hochzeitsmessen. Versucht mit Hilfe dieser Angebote herauszufinden was euch gefällt und was ihr euch vorstellen könnt. Das macht die Suche in Geschäften auch einfacher.

Auch der Brautschuh ist wichtig und sollte gemeinsam mit dem Kleid gekauft werden, damit die Länge des Kleides optimal angepasst werden kann. Ich empfehle hier eine ganz bestimmte Marke, nämlich „Rainbow Club". Diese Schuhe sind gepolstert und unglaublich bequem. Ich hatte die Schuhe am Tag der Hochzeit zum ersten Mal an und habe die ganze Nacht getanzt und keine einzige Blase davongetragen.

Ein weiterer wichtiger Punkt sind Haare und Make-Up.

Tipp aus der Praxis: Ich rate unbedingt die Haare und das Make-Up einmal vor der Hochzeit auszuprobieren. Kennt ihr vielleicht jemanden aus eurem engen Bekanntenkreis, dem ihr eure Haare und euer Gesicht am Tag der Hochzeit anvertraut? Wenn ja, dann kann es unglaublich lustig und schön sein, diese Person zu involvieren und euch zu unterstützen. Wenn nicht, gibt es zahlreiche Friseure und Visagisten, die euch gerne begleiten. Ich ließ wenige Wochen vor unserer Hochzeit meine Haare einmal hochstecken und meine Freundin machte mir vorher bereits einmal das Make-Up. Am Tag der Hochzeit wurden Haare und Make-Up natürliche noch schöner. Beim Friseur solltet ihr auch schon bekannt geben bzw. wissen, ob ihr einen

Haarschmuck oder Schleier tragen wollt. Dementsprechend werdet ihr dann beraten, denn nicht jede Frisur eignet sich für Schleier und Schmuck. Ihr könnt die Utensilien auch zum Probestecken mitnehmen. Am Hochzeitstag vorher Make-Up oder Haare machen? Mir wurden zuerst die Haare und dann das Make-Up gemacht. Aber da werden euch die Profis beraten, denn es gibt hier immer Vorlieben. Haarschmuck und Schleier bekommt ihr in eurer Brautboutique. Denkt auch an eure Finger- und Zehennägel, wenn es euch wichtig ist. Und denkt an das Strumpfband, welches euer Ehemann zu späterer Stunde mit dem Mund von eurem Bein ziehen kann und welches unter den männlichen Hochzeitsgästen versteigert wird. Das ist möglich, aber kein Muss.

Anekdote: Wir haben mein Strumpfband nicht versteigert – das wollte mein Ehemann nicht.

Etwas Altes, etwas Neues, etwas Geborgtes und etwas Blaues. Diesen Brauch gibt es schon lange und kann natürlich beachtet werden. Etwas Altes kann ein Schmuck oder eine Kleidung (z.B.: Schleier der Großmutter) sein. Etwas Neues können Schuhe, das Brautkleid oder Unterwäsche sein. Etwas Geborgtes kann auch Schmuck oder Haarschmuck von einer Verwandten sein und etwas Blaues kann überall eingearbeitet werden, so etwa in der Unterwäsche, im Brautstrauß oder aber auch im Kleid. Dieser Brauch muss aber so wie auch alle anderen Bräuche nicht unbedingt eingebunden werden.

Anekdote: Ich wollte ihn nur erwähnen, da er mir bei meiner Hochzeit sehr wichtig war.

7.2.Bräutigam

Auch das Outfit des Bräutigams will ausgesucht werden. Hierfür gibt es auch eigene Abteilungen in vielen größeren Brautmodengeschäften, oder aber auch in „normalen" Kleidungsboutiquen für Männer. Erstens solltet ihr euch überlegen, ob die Braut den Anzug vor der Hochzeit sehen darf, oder ob es gleich wie bei der Kleidung der Braut, ein Geheimnis bleiben soll. Als nächsten Schritt, sollt ihr euch überlegen, ob eure Kleidung zusammenpassen soll, oder ob ihr euch gegenseitig komplett überrascht. Ich finde es persönlich sehr schön, wenn sich das Outfit der Braut in dem des Mannes etwas spiegelt. Wie etwa, wenn die Braut eine farbige Schleife hat, sollte diese Farbe auch in der Kleidung des Mannes sein. Aber das ist natürlich reine Geschmackssache. Überlegt euch aber als Erstes, ob ihr in Tracht oder Anzug heiraten wollt.

Anekdote: Bei unserer Hochzeit trug ich ein weißes Kleid mit Schleier und hatte darüber einen Trachtenjanker. Mein Mann, oder zu diesem Zeitpunkt Verlobter, trug einen Trachtenanzug, der zu meinem Trachtenjanker passte. So haben wir Tracht und Tradition für uns perfekt kombiniert. Bei uns passte auch der Anstecker des Bräutigams zu meinem Brautstrauß.

Natürlich ist es auch schön, wenn sich eine Leidenschaft von euch in der Kleidung spiegelt. So etwa könntet ihr beide Converse tragen, wenn ihr auch im Alltag immer Converse trägt. Das kann beliebig adaptiert werden.

Überlegt euch, ob der Bräutigam am Tag der Hochzeit zum Friseur gehen soll. Wenn ja, nehmt nicht den gleichen Friseur wie die Braut. Denn normalerweise soll auch die Frisur der Braut eine Überraschung sein.

7.3.Brautjungfrauen, Ringträger, Blumenmädchen

Die Brautjungfern, Ringträger und Blumenmädchen können auch auf eure Kleidung abgestimmt werden, oder aber komplett individuell sein.

Anekdote: Meine Brautjungfern und Blumenmädchen durften ihre Kleider nach Belieben wählen. Die einzige Vorschrift, die ich gab, war kein schwarz oder weiß. Unser Ringträger war auch kein kleiner Junge, sondern ein sehr guter Freund von uns.

Aber es gibt unendlich viele Ideen was die Brautjungfern und beteiligten Kindern angeht. Gebt die Begriffe einfach mal im Internet ein und ihr werdet viele lustige Ideen und Videos finden. Vor allem die Videos werden euch teilweise sehr zum Lachen bringen.

Unsere Traumhochzeit

***

8. Kapitel: Ringe

Eheringe und ihre Formen, Farben und Gravuren gibt es wie Sand am Meer. Wollt ihr eure Eheringe selbst entwerfen, von eurem Lieblingsschmuckgeschäft anfertigen lassen oder gar selbst gestalten und umsetzen? Alles ist möglich und umsetzbar. Auf den Hochzeitsmessen findet man neben den Brautkleidanbietern wohl die gleiche Anzahl an Schmuckhändlern. Bevor ihr euch erkundigt, könnt ihr euch gar nicht vorstellen was es alles gibt (ich war ziemlich erstaunt über die Kreativität und Vielfalt). Es gibt runde, eckige, ovale, goldene, silberne, rosé, mit Gravur und ohne, mit Steinen und vieles mehr. Ich empfehle, dass ihr euch auf einer Hochzeitsmesse einen Überblick macht, was es alles gibt. Ich würde nicht in ein Schmuckgeschäft gehen, da es dort nie die Vielfalt wie auf einer Messe gibt. Außer natürlich ihr wisst schon genau, wie eure Ringe aussehen sollten.

Wenn die Braut ihren Verlobungsring nach der Hochzeit mit dem Ehering tragen möchte, probiert den Ehering mit dem Verlobungsring, ob es euch auch wirklich gefällt.

Eheringe werden normalerweise graviert. Traditionell steht im Ehering der Frau zuerst der Name des Mannes und dann der Frau, oder nur der Name des Mannes sowie das Hochzeitsdatum. Im Ring der Frau steht entweder nur der Name des Mannes oder zuerst der Name des Mannes und dann der Frau und auch hier in beiden Varianten das Hochzeitsdatum. Möglich sind aber auch nur die Initialen oder etwas anderes, was euch beide verbindet.

Für die Hochzeit braucht ihr auch ein Ringkissen oder ein schönes Utensil, wo die Ringe liegen und gesegnet, oder zu euch gebracht werden. Ihr könnt aber auch den Ringträger oder die Eltern des Ringträgers, wenn er/sie noch sehr klein ist damit beauftragen euch mit einem Ringkissen zu überraschen.

***

9. Kapitel: Blumenschmuck

Den Blumenschmuck finde ich persönlich sehr wichtig. Folgende Blumenarrangements sind zu beachten: Brautstrauß, Anstecker für Bräutigam und Gäste, Sträuße für Brautjungfern, Blüten für Blumenmädchen, Autoschmuck, Blumen für die Kirche oder andere Location, Blumen für die Tafel. Blumen können überall miteinbezogen werden.

- Der Brautstrauß wird vom Bräutigam am Tag der Hochzeit vom Blumengeschäft geholt und der Braut übergeben, sobald der Bräutigam sie zu Hause abholt. So lautet zumindest die Tradition. Es muss jedoch nicht so sein. Wenn euch die Bedeutungen von Blumen wichtig ist, würde ich mit der Floristin darüber sprechen oder die Bedeutungen selbst recherchieren, bevor ihr den Brautstrauß in Auftrag gebt. Es gibt die unterschiedlichsten Brauchtümer, welche häufig von den Eltern und Großeltern an die Braut kommuniziert werden. Lasst euch hier nicht zu sehr verunsichern. Ich werde hier keine Bräuche oder Bedeutungen von Blumen erwähnen, da ich euch nicht in eine bestimmte Richtung leiten möchte, was die Auswahl angeht. Es gibt so viele schöne Blumen und ihr sollt für euch selbst entscheiden, ob ihr nach der Bedeutung oder nach dem Aussehen geht.

- Ihr könnt euch auch Blumen in die Hochzeitsfrisur einbauen lassen. Denkt daran die Blumen rechtzeitig vor dem Friseurbesuch beim Floristen zu holen oder holen zu lassen.
- Der Anstecker für den Bräutigam kann auch aus einem kleinen Blumenarrangement bestehen, oder aber auch nicht. Wenn ihr es aus Blumen möchtet, wird dies oft auch von der Floristin gemacht. Häufig kann man aber auch Anstecker ohne Blumen beim Floristen kaufen. Da solltet ihr euch erkundigen. Ihr könnt natürlich auch die Anstecker der Gäste aus Blumen herstellen lassen, oder aber ihr bastelt es selbst oder kauft es. *Anekdote*: Wir haben unsere Anstecker selbst aus Filz und Spitze gebastelt. Es wurden wunderschöne, trachtige Schleifen.
- Ihr könnt auch für eure Brautjungfern Sträuße binden lassen, oder aber ihr lasst sie die Taufkerzen und Hochzeitskerzen tragen.
- Normalerweise bekommt das Blumenmädchen einen Korb mit Rosenblättern, um diese für die Braut während dem Einzug oder für das Brautpaar während des Auszugs zu streuen. Auch diese Blüten können beim Floristen bestellt werden. Bitte beachtet jedoch, dass nicht in jeder Kirche/Location Blumen oder

aber auch Reis gestreut werden darf. In vielen Kirchen ist es verboten etwas zu streuen, da die Reinigungsarbeiten sehr aufwendig sind und das Gestein beschädigt wird. Eine andere Möglichkeit dem Blumenmädchen seinem Namen alle Ehre zu machen ist, ihr einen Korb mit Blumen zu geben und im Anschluss an die Trauung darf das Blumenmädchen jedem weiblichen Gast eine Blume schenken. *Anekdote*: Unser Blumenmädchen schenkte jedem weiblichen Gast eine weiße Rose.

- Auch das Brautauto sollte hervorstechen und wir daher meist mit einem Blumenschmuck versehen. Auch hier gibt es unendlich viele und schöne Ideen. So werden häufig die Seitenspiegel, die Antenne, der Kotflügel, oder aber auch die Rückseite geschmückt. Ihr könnt natürlich auch die Autos der Gäste mit Blumen oder Schleifen schmücken. Das ist vor allem dann schön, wenn es eine Hochzeitskolonne von der Kirche/Hochzeitslocation zum Gasthaus oder Location gibt.

- Die Kirche und Location gehören normalerweise auch geschmückt. Es gibt für die Kirche oder das Standesamt ein Arrangement in dreieckiger, runder oder viereckiger Form. Lasst euch von eurem Floristen Beispiele zeigen. Auch im Internet findet ihr hierzu einiges. Zusätzlich werden auch die Bänke in der Kirche oder die Stühle im Standesamt verziert.

- Die Tafel im Gasthaus / Location wird auch mit Blumen geschmückt. Auch hier ist von sehr schlicht bis prunkvoll alles möglich. Überlegt euch auch mit welchen anderen Utensilien ihr die Tische oder Location schmücken wollt, damit es euch am Ende dann auch wirklich gut gefällt.
- Wenn euer Kuchen oder die Teller mit den Speisen mit Blumen geschmückt werden sollen, müssen diese rechtzeitig bei der Konditorin oder in der Küche eintreffen. Achtung: Am Teller, von dem gegessen wird, dürfen nur essbare Blumen liegen. *Anekdote*: Unser Naked Cake war mit denselben Blumen wie mein Brautstrauß dekoriert und es sah einmalig aus.

***

10. Kapitel: Hochzeitskerze

Eine Hochzeitskerze ist ein schönes Andenken an die Hochzeit und kann selbst gestaltet oder in Auftrag gegeben werden. Man kann sie in Geschäften aber auch in einer Werkstätte, zum Beispiel bei der Lebenshilfe in Auftrag geben. Überlegt euch, wie eure Hochzeitskerze ausschauen soll. Habt ihr vielleicht ein Hochzeitswappen, welches ihr auch auf die Hochzeitskerze geben wollt, oder gibt es ein Tier, welches ihr beide gerne habt. Ganz gleich wie ihr eure Hochzeitskerze gestaltet, kann sie eure Ehe begleiten. Sie kann an glücklichen, besonderen aber auch an schweren Tagen angezündet werden und man kann sich an die Hochzeit und auch die Versprechen erinnern. Meiner Meinung nach, eine wunderbare Symbolik. Die Hochzeitskerze wird währen der kirchlichen Trauung mit den Taufkerzen entzündet. Die Flamme wird mit den Taufkerzen bei der Osterkerze geholt. Solltet ihr oder einer von euch keine Taufkerze mehr haben, kann auch eine Christbaumkerze herangezogen werden.

***

11. Kapitel: Muster – Tagesablauf

Ich teile hier unseren Tagesablauf mit euch. Vielleicht hilft er euch, euren Tag zu planen.

Tipp aus der Praxis: Auch wenn ihr einen sehr genauen Tagesablauf plant und niederschreibt, solltet ihr offen für spontane Veränderungen sein. Es kommt nämlich mit Sicherheit nicht alles so wie ihr euch das vorstellt. Damit ihr dann nicht enttäuscht oder traurig seid, sondern die Hochzeit weiter in vollen Zügen genießen könnt, rate ich euch einen Tagesablauf zu machen, aber nicht krampfhaft daran festzuhalten. Wir hatten während des Tages ein paar Änderungen und es machte unsere Hochzeit noch besser. Es ist wichtig, dass der Zeremonienmeister und der DJ den Tagesablauf wissen und einen Ausdruck davon erhalten.

Nun der Muster-Tagesablauf:

8:00 Frühstück!!! Egal wie wenig Hunger ihr habt,

esst etwas!!!

9:00 Frisör Braut und Brauteltern. Viktoria (Freundin der Braut, Name wurde geändert) schminkt uns eventuell schon beim Frisör (besseres Licht), oder sonst im Zimmer der Brauteltern

10:30-11:30 Schminken der Braut von Viktoria und Schminken der Brautmama von Viktoria

12:00 Brautjungfern fahren zur Kirche (falls sie bei Brautankleide dabei sind). Brautjungfer sind für folgendes verantwortlich: Hochzeitskerze (Feuerzeug nicht vergessen), „Reserviert"-Schilder für Kirche mitnehmen, um die erste Reihe für die Eltern zu reservieren, 2 Körbe mit Ansteckern für Gäste und Schleifen für Autos. Brautjungfer Viktoria bleibt inzwischen bei der Braut.

(Kirche wird am Tag vor der Hochzeit von der Mama des Bräutigams geschmückt)

11:30-12:30 Ankleiden der Braut: Unterstützung von Viktoria, Tante der Braut bringt Ohrringe (geliehenes) und auch der Bräutigam kleidet sich an und wird dabei von einem Freund unterstützt.

Kleinigkeit zu Essen – Häppchen für die Zimmer (Bananen) in denen sich die Braut und der Bräutigam befinden. Nachdem der Bräutigam etwas gegessen hat, fährt er mit dem Brautvater und Freund den Autoschmuck und Brautstrauß holen. Die Blumen für die Torte bringt er für die Konditorin in die Küche. Die 30 Rosen für das Blumenmädchen nimmt er zur Kirche mit und dort werden sie vom Blumenmädchen in den Korb geschlichtet. Er erkundigt sich auch, ob die Kirche fertig geschmückt ist.

12:15 Ab jetzt treffen Gäste bei der Kirche ein. Die Brautjungfern verteilen Anstecker und Autoschmuck (Schleifen), legen die „Reserviert"-Schilder die Eltern der Braut und des Bräutigams in die erste Reihe der Kirche. Währenddessen begrüßen die Eltern und Geschwister des Brautpaares, sowie der Zeremonienmeister die Hochzeitsgäste. Mama und Schwester des Bräutigams vergewissern sich, dass die Blumen und Dekorationen in der Kirche schön angebracht wurden.

12:30-12:45 Bräutigam fährt mit seinem Freund zur Kirche. Brautmutter fährt mit Tante der Braut zur Kirche. Eventuell fährt die Brautmutter schon früher in die Kirche, um sich einzusingen.

12:50 Eltern des Bräutigams und der Zeremonienmeister bitten alle Gäste in der Kirche Platz zu nehmen. Der Bräutigam stellt sich zum Altar. Pianospieler (Bruder des Bräutigams) und Brautmutter gehen zum Piano.

12:50 Braut fährt mit Brautvater und Brautjungfer Viktoria im Mini Cooper zur Kirche.

13:00 Zuerst zieht das Blumenmädchen ein und hält währenddessen den Blumenkorb in den Händen. Anschließend ziehen Brautjungfern ein, wobei zwei eine Rose und eine Brautjungfer die Hochzeitskerze trägt. Danach zieht die Braut mit ihrem Vater ein. Während des gesamten Einzugs musizieren die Brautmutter und der Bruder des Bräutigams.

13:00-14:30 Trauung. Den Ablauf der Trauung stelle ich auch zur Verfügung. Dieser befindet sich im nächsten Kapitel

14:30-15:30 Agape wird vom Bruder des Bräutigams organisiert. Er wird von Freunden unterstützt. Bei Schönwetter findet die Agape vor der

Kirche und bei Schlechtwetter im Gasthaus statt. Mit jedem Gast anstoßen (nur am Glas nippen). In dieser Zeit findet auch das Fotoshooting des Brautpaares statt. Es werden auch Fotos mit den Eltern, Großeltern und Geschwistern gemacht.

16:00-17:00 Fahrt zum Gasthaus (Hupkonzert nicht vergessen)

17:30- 19:30 Essen (3 Gänge: Suppe, Salat, Hauptgang. Nach dem Essen wird die Torte angeschnitten und Kaffee ausgeteilt.

19:30-20:00 Ansprachen wer möchte (Mikro beim DJ)

20:00-21:00 Brauttanz mit Vater und danach Übergabe an den Bräutigam. Nun ist auch die Tanzfläche eröffnet und eventuelle Überraschungen der Gäste finden hier Platz.

21:00-22:00 Glückwünsche an das Brautpaar. Das Brautpaar stößt mit jedem Gast an und macht ein Foto.

Tipp aus der Praxis: Um nicht bedrucken zu werden, nippt nur an eurem Glas.

22:00-22:30 Brautstehlen: Wenn es passt, stiehlt der Vater des Bräutigams die Braut und marschiert mit ihr in die Gaststube des Gasthauses. Brautvater und Bräutigam schnappen sich die Gäste und kommen nach. 3 Bläser begleiten die Hochzeitsgäste von der Location des Brautstehlens zurück zum Festsaal.

22:30-24:00 Feiern

Ab 23:00 Mitternachtssnack

Anekdote: Der Bräutigam liebt Pizza und so gab es diese bei uns zu Mitternacht.

1:00-2:00 Abzug Brautpaar

Anekdote: Aus zwei wurde nichts, wir waren irgendwann nach 4 Uhr in unserem Bett. Es war zu lustig, um schon zu gehen.

***

12. Kapitel: Muster – Ablauf der kirchlichen Trauung

Hier teile ich unseren Ablauf der kirchlichen Trauung. Es soll euch während eurer Planung unterstützen. Es gibt von der Diözese auch Infomaterial, welches ihr bei eurem Trauungspriester bekommt.

1.   Ab ca. 12:30 Eintreffen am Vorplatz und Begrüßung der Gäste.

2.   Um ca. 12:50 Gäste versammeln sich mit Priester und Bräutigam in der Kirche

3.   Priester und Bräutigam stehen beim Altar. Blick des Bräutigams in Richtung Eingang. Einzug: Zuerst Blumenmädchen, danach Brautjungfern und anschließend Braut mit Vater, während Brautmutter singt und Bruder des Bräutigams am Piano singt. Lied: „Halleluja" (Text wurde von Brautmutter neu geschrieben.

4.   Begrüßung durch Priester.

5.   Entzünden der Hochzeitskerze durch das Braut-

paar. Licht der Osterkerze mit Hilfe einer Christbaumkerze nehmen und die Hochzeitskerze entzünden. Nach Entzünden der Hochzeitskerze wird der Text „Gedanken der Hochzeitskerze" vom Vater des Bräutigams gelesen.

6. Kyrie von Priester gesprochen

7. Gloria mit Orgel und Gesang. Nummer 710/2 in der Kirche anzeigen, damit die Gäste im Liederbuch nachschlagen können.

8. Tagesgebet von Priester gesprochen

9. Lesung gelesen von einem Gast der Hochzeitsgesellschaft

10. Orgelmusik

11. Evangelium von Priester gesprochen

12. Hochzeitsansprache vom Priester

13. Trauung: Es werden dem Bräutigam 2 Fragen gestellt, dann der Braut und anschließend werden dem Brautpaar gemeinsam noch zwei Fragen gestellt. Danach bringt der Ringträger die Ringe (befinden sich auf einem Ringkissen oder dergleichen) zum Altar und gibt sie dem Brautpaar in die Hand. Brautpaar hält die Ringe in den Händen und der Priester segnet sie. Nun folgt der Vermählungsspruch. Das Brautpaar hält sich während-

dessen an den Händen und sieht sich an. Erst nach allen 4 Sprüchen steckt sich das Brautpaar die Ringe an. Abschließend erhält das Brautpaar vom Priester einen Segen.

14. Trauungslied „You are the light" wird von einer Freundin gesungen und einem Freund auf der Orgel begleitet.

15. Fürbitten werden von zwei Gästen der Hochzeitsgesellschaft gelesen. Ein Verwandter der Braut und einer des Bräutigams

16. Gabenbereitung wird mit der Orgel begleitet.

17. Gabengebet vom Priester

18. Präfation vom Priester

19. Sanctus (Orgel und Gesang). Nummer 710/6 wird wieder in der Kirche angezeigt.

20. Hochgebet vom Priester

21. Priester lädt alle Gäste ein das Gebet „Vater Unser" zu singen. Der Vater des Bräutigams stimmt an.

22. Friedensgruß. Priester leitet den Friedensgruß ein und wir geben ihn weiter

23. Agnus Dei wird vom Priester gebetet

24. Kommunion wird von Orgel und Bläser begleitet

25. Schlussgebet vom Priester

26. Segen vom Priester

27. Der Auszug beginnt in der ersten Reihe und wird mit der Orgel begleitet.

***

13. Kapitel: Abschließende Worte

Während dem Schreiben dieses Buches, konnte ich mich noch einmal an unsere wunderschöne Vorbereitungszeit und Hochzeit erinnern. Unsere Familie und Freunde waren sehr aktiv an unserer Hochzeitsvorbereitung und -feier beteiligt. Das war erstens eine Erleichterung und zweitens eine wunderbare Erfahrung, worüber wir sehr dankbar sind. Auch heute sprechen alle unsere Verwandten und Freunde noch gerne über unsere Hochzeit und über die lustigen Erinnerungen.

Ich hoffe, dass ihr euch ein paar Tipps aus dem Buch mitnehmen könnt und ihr Spaß am Lesen hattet. Ich wünsche euch eine wunderschöne Planung, ein traumhaftes Fest und eine glückliche Ehe.

Ich würde mich über eine Bewertung auf Amazon sehr freuen Und, wenn ihr noch Anmerkungen habt, was für die perfekte Planung fehlt, könnt ihr mir gerne ein Mail auf sabrina.literatur@gmail.com schreiben.

Danke und eine tolle Hochzeitsvorbereitung!

***

Sabrina Voraberger

Über die Autorin

Sabrina Voraberger wurde in einem österreichischen Skigebiet geboren, verbrachte ein Jahr in London, bereist mit voller Begeisterung Europa, ist leidenschaftliche Mama und lebt glücklich verheiratet mit ihrer Familie im grünen Herzen Österreichs. Während ihrem Studium der Anglistik/Amerikanistik fokussierte sie sich auf Literaturwissenschaften und absolvierte einige Kurse in Medienwissenschaften sowie Kunstgeschichte. Ihre berufliche Laufbahn führte Sie von der Kindergartenpädagogin, über die Personalentwicklung zur Autorin.

***